• 나와 상대방의 마음을 소중히 지키는 방법 •

내 감정이 궁금해

십 대를 위한
유쾌한
교양 수업

후지노 토모야 감수
김민주 한국어판 감수
문영은 옮김

블무
북스 어린이

자신에게 일어나고 있는 변화를
제대로 이해하고 나를 더욱 잘 알아 보아요

아마 이 책을 읽는 여러분에게는 여러 가지 고민이 있을 거예요. 그렇지만 고민을 한다는 사실 자체가 부끄러워서 아무에게도 말하지 못한 적도 있을 테고요. 답답함에 용기를 내어 고민을 털어놓아도, 웃음거리가 되거나 '네가 잘하면 되잖아!' 하는 잔소리만 되돌아올 뿐, 끝내 고민을 해결하지 못한 적도 있었을 거예요.
또 '이런 일로 고민하고 있는 건 나뿐인가.' 하고 불안해하는 친구들도 많을 거예요. 저도 마음을 치료하는 정신건강의학과 의사이기에 잘 알고 있답니다. 실제로 이런 고민을 하는 아이들이나, 그런 아이들을 어떻게 대하면 좋을지 고민하는 어른들은 매우 많아요.

이 책은 그동안 아무도 여러분에게 가르쳐 주지 않았던 '마음의 움직임'이나 '사춘기에 일어나는 변화' 등을 이해하는 데에 도움을 줄 거예요. 물론 이 책에 모든 답이 나와 있는 것은 아니지만, 이 책을 통해 여러분이나 다른 사람들이 무엇을 생각하고, 어떻게 살아가고 있는지 등, 여러분의 고민을 해결하는 힌트를 찾을 수 있기를 바랍니다.

어른들은 '정체성 확립이 중요해.'라고 말하곤 합니다. 정체성? 어려운 말이죠. 쉽게 말하자면, 자기 자신을 잘 이해하는 거예요. 여러분이 이 책을 읽고 자신에게 일어나고 있는 변화를 제대로 알고 이해하여 멋진 어른으로 성장하기를 바랍니다.

후지노 토모야
(정신건강의학과 전문의)

차례

시작하며 2
나오는 사람들 6

처음 느껴 보는 이 감정의 정체를 알려 줘! 7
'감정'은 어디에서 오는 걸까? 13　희로애락뿐만이 아니야! 감정의 종류 14
호르몬과 감정의 신기한 관계 16　사람의 성격에는 어떤 것이 있을까? 18

자신감이 없어, 콤플렉스는 왜 있을까? 25
콤플렉스에 짓눌리는 것 같아! 30　친구가 부러워 32
잘하지 못하는 내가 싫어 34　실패가 두려워 36
자기 자신을 좋아한다는 건 뭘까? 38

친구가 나쁜 걸까? 내가 나쁜 걸까? 41
친구 관계와 연애에 대한 Q&A 46
SNS에서 무엇을 주의해야 할까? 58

괴롭힘에 어떻게 대처할까? 우리가 할 수 있는 일 61

괴롭힘을 당한다면 괴롭힘에서 벗어나자 66 괴롭힘에 대한 Q&A 68
누군가를 괴롭혀도 답답함은 사라지지 않아! 72 괴롭힘당하는 친구를 보고만 있어도 될까? 74
학교에 가기 싫어. 이러면 안 되는 거야? 76 학교에 가기 싫어. 어떻게 하면 좋을까? 78

- 더 알아보기 피해자·가해자·방관자의 보호자에게 80
- 더 알아보기 학교에 갈 수 없는 아이를 둔 부모님을 위한 조언 83

선생님도 부모님도 짜증 나! 어른은 도대체 왜 그래? 85

어른이 된다는 건 어떤 거야? 90 이런 어른이 되고 싶어! 92
부모님이나 선생님, 어른과의 관계에 대한 Q&A 94
정신건강의학과란 어떤 곳일까? 100

'나'를 알아보고 마음을 지키자! 107

'나'는 어떤 사람일까? 112 나 '사용 설명서'를 만들자! 114
내가 모르는 내가 있다고? 116 나의 생각 습관을 알아보자 ① 119
나의 생각 습관을 알아보자 ② 121 나의 좋은 점은 무엇일까? 123
감정은 어떻게 조절할까? 125

마치며 134

나오는 사람들

♥ 최민지(12세) ♥

초등학교 5학년. 친구와 노는 것을 좋아하지만, 대화를 주도하는 타입은 아니다. 소심한 자신이 부끄럽고, 주위 친구들과 자신을 비교하면서 속상해한다. 그렇지만 남에게 지고 싶지는 않다.

♥ 김서준(12세) ♥

초등학교 5학년. 축구를 좋아한다. 혼자 있을 때보다 친구들과 왁자지껄하게 지낼 때가 많다. 친구들 사이에서 분위기 메이커로 통하지만, 의외로 섬세한 면도 있다.

♥ 토모야 선생님 ♥

정신건강의학과 의사. 쾌활하고 상냥한 분위기로, 민지와 서준이의 고민이나 궁금증에 친절하게 답해 주는 선배 같은 존재이다.

처음 느껴 보는 이 감정의 정체를 알려 줘!

이유 없이 갑자기 짜증이 나는 경험을 해 보았을 거예요. 사춘기에 접어들면 신체 변화가 급격히 일어나고, 감정도 점점 복잡해지고 기복도 심해지지요. 이러한 과정은 어른이 되기 위한 자연스러운 준비 과정이랍니다.

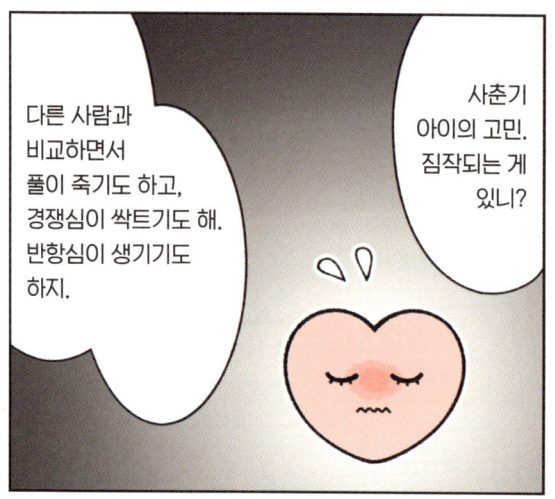

> 마음 기본 지식 ❶
> # '감정'은 어디에서 오는 걸까?

감정의 정체는 뇌에 있다!

기쁨, 슬픔, 즐거움, 외로움 등 우리에게는 여러 가지 감정(=기분)이 있어요. 감정은 도대체 어디에서 오는 것일까요? 가슴이 찌릿하고 아프거나 두근두근하니까, '심장'이라고 생각하기 쉽지만, 사실 감정은 '뇌'에서 나옵니다. 그리고 슬픔을 억누르거나 실컷 웃는 등, 감정을 컨트롤하는 것도 바로 뇌입니다.

뇌가 느낀 것을 표정이나 몸의 움직임으로 전달해요

눈이나 코로 들어오는 여러 가지 정보가 전기 신호로 뇌에 전달되어, 무서움, 즐거움 등의 감정이 생겨요. 그것이 표정이나 몸의 움직임으로 표현된답니다.

처음 느껴 보는 이 감정의 정체를 알려 줘!

마음 기본 지식 ❷

희로애락뿐만이 아니야! 감정의 종류

감정의 종류는 몇 가지일까? 여러 가지 의견이 있어요

감정의 종류에 대해서는 여러 가지 의견이 있어요. 원래 '좋음'과 '싫음(불쾌)', 이 2가지 감정을 중심으로 한다는 생각과, 기쁨, 슬픔, 분노, 놀람, 공포, 증오, 관심, 애정과 신뢰, 이 8가지의 기본 감정이 있다는 견해가 있지요. 기본 감정이 서로 더해지거나 섞이면서 복잡한 감정들이 생기게 된다고 해요.

'울어서 슬퍼' or '슬퍼서 울어' 어느 쪽이 먼저일까?

감정과 몸의 반응에 대해서 다양한 의견이 있어요

감정과 행동의 관계에도 다양한 생각이 있습니다. 여러분은 울어서 슬픈 것과 슬퍼서 우는 것 중에서 어느 쪽이 옳다고 생각하나요? 두 견해 모두 틀린 것은 아니지만, 슬퍼서 운다, 즐거우니까 웃는다, 즉 감정이 생겨서 몸이 반응한다는 생각을 더 이해하기 쉬울 거예요.

이러한 감정은 자신의 의사를 결정할 때에 도움이 된답니다.

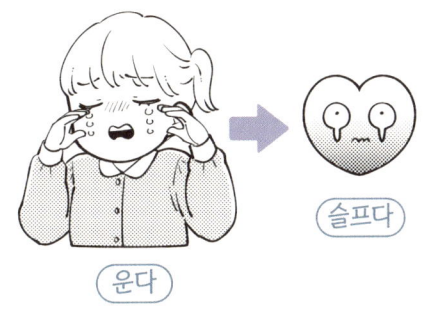

감정은 무언가를 결정하는 데에 도움을 줘요. 감정이 생긴다는 것은 나쁜 일이 아니에요. 매우 자연스러운 일이랍니다.

마음 기본 지식 ❸

호르몬과 감정의 신기한 관계

호르몬이란 뭘까?

사춘기가 되면 남자아이는 목소리가 변하고 첫 사정을 합니다. 여자아이는 가슴이 커지고 생리가 시작되는 등의 변화가 일어나지요. 마음에도 어른이 되려는 변화가 생깁니다. 이런 변화는 호르몬에 의한 거예요. 호르몬은 몸을 건강하게 유지하기 위한 핵심입니다. 사춘기의 성장은 성호르몬이나 성장 호르몬이라 불리는 여러 가지 호르몬과 관련되어 있어요.

사춘기 성장을 돕는 호르몬

여자아이는 주로 에스트로겐

남자아이는 주로 테스토스테론

테스토스테론이나 에스트로겐, 프로게스테론이라는 성호르몬이 사춘기의 성장과 관련 있어요. 이 호르몬들은 남녀 모두에게 분비되며, 몸을 건강하게 해 주는 중요한 역할을 합니다.

마음의 변화는 호르몬 때문?

호르몬은 몸뿐만 아니라 마음의 성장과도 관계되어 있어요. 몸이 어른에 가까워지는 것처럼 마음도 점차 어른으로 성장합니다. 병아리가 자라서 자립하려는 것과 마찬가지예요. "스스로 생각하고 결정하고 싶어.", "시끄러운 잔소리는 그만!" 등 자립하고 싶다는 생각이 싹트는 것은 호르몬이 뇌에 영향을 주는 것과 관계가 있어요.

보호자를 위한 조언

이 시기의 아이들은 정서적으로 불안정해요. 특히 가족에게 반항적인 태도를 취하기도 합니다. 이런 행동은 사춘기 특유의 변화예요. 어른이 되는 첫걸음이라고 생각하고, 보호자는 마음의 여유를 가지고 아이를 대하는 것이 좋아요.

마음 기본 지식 ❹

사람의 성격에는 어떤 것이 있을까?

성격의 특징을 5가지 유형으로 나누는 'Big 5 이론'

'Big 5 이론'이란, 인간의 성격은 5가지 요소, 즉 개방성, 성실성, 외향성, 친화성, 정서적 안정성으로 이루어진다는 이론으로 심리학 교수법의 하나입니다. 각 요소의 높고 낮음에 따라 성격의 특징을 알 수 있어요. 특정 요소가 높다고 해서 좋고, 낮다고 해서 나쁜 것이 아니에요. 한 사람의 성격은 여러 요소의 조합으로 이루어진답니다.

한 사람에게도 여러 가지 요소가 있어요.

5가지 요소란 무엇일까?

※( ) 안은 알기 쉽게 표현한 단어입니다.

① 개방성(호기심)

자신이 알지 못하는 세계나 환경, 예술적인 것에 흥미가 있는지 아닌지를 가늠하는 요소. 주로 행동력이나 창조성의 기준이 됩니다.

② 성실성(근면함)

책임감이 있는지, 계획적으로 일을 진행하거나 규칙을 중요하게 여기는지를 가늠하는 요소. 주로 근면성이나 부지런함의 기준이 됩니다.

③ 외향성(활발·적극적)

몸을 움직이는 것을 좋아하는지, 다른 사람과 이야기하는 것을 좋아하는지를 가늠하는 요소. 주로 사회성의 기준이 됩니다.

④ 친화성(양보)

주위 사람들과 협력해서 일을 진행하는지, 주위 사람들에 대한 배려심이 있는지를 가늠하는 요소. 주로 다른 사람을 이해하는 힘을 가늠하는 기준이 됩니다.

⑤ 정서적 안정성(섬세함)

일의 단점을 생각하는 경향이 있는지, 쉽게 주눅이 드는지를 가늠하는 요소. 주로 스트레스에 대한 반응을 가늠하는 기준이 됩니다.

여러분은 어떤 타입에 가깝나요?

다음 페이지에서 자세히 알아봅시다!

❶ 개방성(호기심)이 높은 타입

이런 성격이에요

- 다양한 분야에 흥미를 가지며 호기심이 강하다.
- 미술관이나 박물관에서 예술 작품을 보는 것을 좋아한다.
- 무언가 만들기를 좋아하며, 미술이나 조각을 잘한다.
- 다른 사람이 잘하지 않는 재미있는 일을 해 보고 싶다.

개방성이 높은 사람의 특징

실패를 두려워하지 않고 새로운 일에 도전하기 좋아하며 무언가를 해 보려는 의지가 강해요. 다만 지나친 나머지 상식을 벗어난 행동을 해서 주위 사람들을 당황시킨다는 단점도 있어요.

개방성이 낮은 사람의 특징

무언가 새로운 것을 만들거나 도전하는 일에 서툴러요. 반면 착실하게 일을 진행시킬 수 있으며, 감정을 잘 표현하지 않는 냉정한 모습을 보이기도 해요.

※여기에 나온 항목은 일부 예입니다. '여러분은 이런 타입입니다.'라고 특정하는 것이 아니에요.

❷ 성실성(근면함)이 높은 타입

이런 성격이에요

- 자신이 해야 할 일은 제대로 한다.
- 계획이나 목표를 세워 일을 진행하기 좋아한다.
- 책임감이 강해서 무슨 일이든 끝까지 해낸다.
- 자신의 감정을 잘 조절한다.

성실성이 높은 사람의 특징

부지런하고 책임감이 강해서 계획한 일은 끝까지 해냅니다. 자신의 감정을 잘 조절할 수 있는 반면, 자신에게 지나칠 정도로 엄격하게 행동하기도 합니다.

성실성이 낮은 사람의 특징

무책임하거나 무계획적이라는 말을 자주 듣지만, 자신이 잘하지 못하는 것은 주위 사람들에게 도움을 구하여 해결하기도 합니다.

※여기에 나온 항목은 일부 예입니다. '여러분은 이런 타입입니다.'라고 특정하는 것이 아니에요.

❸ 외향성(활발·적극적)이 높은 타입

이런 성격이에요

- 다른 사람과의 관계를 좋아하고, 누구와도 금방 친구가 된다.
- 상대방에게 자신의 의견을 강요할 때가 있다.
- 건강하고 활기차다는 말을 자주 듣는다.
- 생각한 대로 바로 행동하기도 한다.

외향성이 높은 사람의 특징

다른 사람과 즐겁게 대화하는 것을 즐기며, 사람과의 관계에서 자극을 받는 타입. 항상 활기차고 밝으며, 무슨 일이든 적극적으로 임해요. 단, 깊게 생각하지 않고 행동이 앞서는 면도 있어요.

외향성이 낮은 사람의 특징

내성적이고 어른스러운 타입. 수수하다는 인상을 남기는 경우가 많아요. 새로운 자극보다 자신에게 주어진 시간을 소중하게 여깁니다. 온화한 성격으로, 다른 사람들의 이야기를 잘 들어 줍니다.

※여기에 나온 항목은 일부 예입니다. '여러분은 이런 타입입니다.'라고 특정하는 것이 아니에요.

④ 친화성(양보)이 높은 타입

이런 성격이에요

- 다른 사람의 감정에 잘 공감하는 편이다.
- 다툼은 가급적 피하고, 모두와 사이좋게 지내고 싶다.
- 친절하고 배려심이 깊다는 말을 자주 듣는다.
- 주위 사람들을 두루두루 잘 챙긴다.

친화성이 높은 사람의 특징

다툼을 싫어하고, 친구들과의 관계에서 가급적 문제를 일으키지 않고 평화롭게 지내고 싶어 하는 타입. '좋은 사람'이 되려다 보니 때로는 자신의 감정을 억누르고 참는 경우도 있습니다.

친화성이 낮은 사람의 특징

자신의 의지를 강하게 주장하기 때문에 자기중심적이라거나 제멋대로라는 말을 듣곤 합니다. 자기도 모르는 사이에 친구들 사이에 끼지 못하거나 상처를 받는 경우도 있으므로 주의해야 해요.

※여기에 나온 항목은 일부 예입니다. '여러분은 이런 타입입니다.'라고 특정하는 것이 아니에요.

❺ 정서적 안정성(섬세함)이 높은 타입

이런 성격이에요

- 일에 대해 걱정이 많다.
- 새롭거나 처음 시도하는 일에 서툴다.
- 사소한 일로도 긴장을 한다.
- 생각한 대로 바로 행동하기도 한다.

정서적 안정성이 높은 사람의 특징

사소한 일에도 불안을 느끼고, 걱정을 하거나 예민해져요. 쉽게 스트레스를 받는 타입으로, 작은 일에도 신경을 써요. 다른 사람의 불안한 감정을 잘 헤아려 주기도 해요.

정서적 안정성이 낮은 사람의 특징

침착해서 작은 일에는 동요하지 않아요. 느긋하고 대범하다는 말을 자주 들어요. 온화하고 감정도 항상 안정적인 반면, 다소 둔감한 면도 있어요.

※여기에 나온 항목은 일부 예입니다. '여러분은 이런 타입입니다.'라고 특정하는 것이 아니에요.

자신감이 없어. 콤플렉스는 왜 있을까?

다른 사람과 자신을 비교하는 것은 성장하고 있다는 증거입니다. 다만 주위 사람과 비교하면서 '나는 정말 변변치 않은 존재야.'라고 자주 생각하면 점점 자신이 싫어지고 고통받게 됩니다. 어떤 것이라도 상관없어요. 나만의 강점을 찾아서 스스로를 칭찬해 보세요. 여러분에게 있어 최고의 응원단은, 바로 자신이에요. 그렇게 여기는 것이 행복으로 가는 지름길이랍니다.

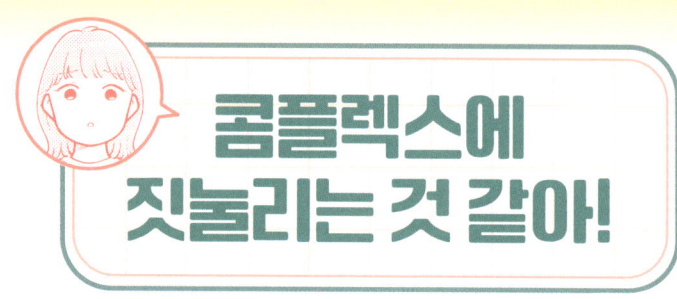

콤플렉스에 짓눌리는 것 같아!

콤플렉스는 자신을 성장시켜 주는 소중한 감정

콤플렉스는 '다양한 감정이 뒤엉켜 생기는 것'이라는 뜻이에요. 자신이 어떤 사람인가를 파악하는 데에 도움이 되지요. 많은 사람이 콤플렉스를 '자신이 다른 사람에 비해 부족하다고 느끼는 부분'이라고 생각하고 있어요. 그러나 실제로는 누구에게나 콤플렉스가 있답니다. 자신의 평가를 깎아내리는 것이 아닌, 성장의 계기라고 생각해 보는 것이 어떨까요?

콤플렉스=나쁜 감정?

콤플렉스가 있다는 건 결코 나쁜 일이 아니에요. 자신의 약점이나 잠재력을 파악하는 수단이 되기도 해요.

콤플렉스를 '어떻게 살리느냐'가 중요해요

'다른 친구들만큼 공부를 잘하지 못해요.', '내 얼굴이 마음에 들지 않아요.' 등 많은 사람에게 콤플렉스가 있지만, 사실 콤플렉스가 있다는 건 나쁜 일이 아니에요. 콤플렉스를 핑계로 삼거나 자신감을 잃지 말고, 콤플렉스 자체를 어떻게 살릴지 곰곰이 생각해서 긍정적으로 자신을 변화시키는 계기로 삼아 보세요.

콤플렉스는 '매력'이 될 수 있어요!

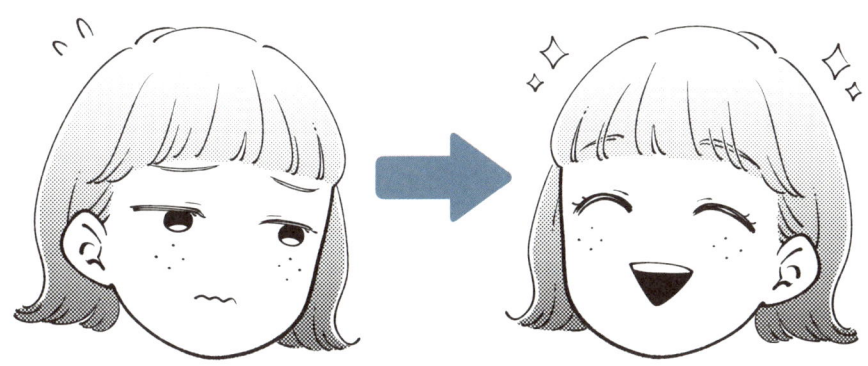

생각하는 방법을 바꾸면 콤플렉스가 장점이 될 수 있어요

생각하는 방법을 바꾼다면 얼마든지 콤플렉스를 장점으로 만들 수 있어요. '나는 장점이 많아!', '약점을 매력으로 바꿔야지!' 하는 식으로 생각을 바꿔 보세요. 있는 그대로의 자신을 받아들일 수 있게 될 거예요.

친구가 부러워

**다른 사람은 갖지 못한, 여러분만의 매력이 있을 거예요!
자신이 할 수 있는 것을 찾아보세요**

친구들과 비교하기 시작하면 자신이 부족하거나 뒤처지고 있는 점들만 보이고, 친구들을 부러워하는 마음만 생기게 돼요. 물론 이것도 자연스러운 일이긴 해요. 친구와 자신은 다른 사람이기 때문이죠. 다소 어려울지도 모르지만, 여러분이 할 수 없는 일보다 '할 수 있는 일'을 찾아보세요. 여러분만이 할 수 있는 일, 여러분만이 갖고 있는 매력은 분명히 있답니다. 의외로 친구들 또한 여러분을 부러워하고 있을지도 몰라요.

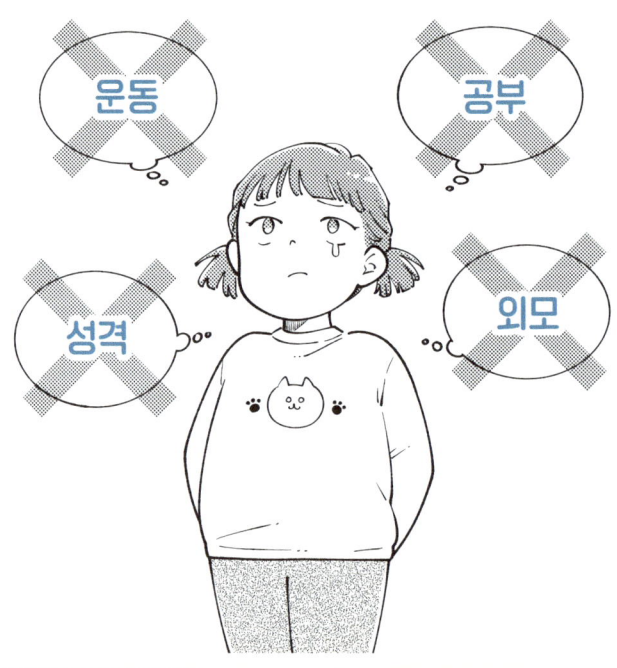

성장하면 할수록 비교할 것이 많아지기 때문에 신경 쓰이는 건 당연해요

어릴 때에는 다른 사람과 비교하는 일이 없었어요. 우리는 성장하면서 점차 주위 사람과의 비교를 통해 자신이 서 있는 위치를 이해하게 됩니다. 비교하는 일이 늘어날수록, 당연히 신경 쓸 일 또한 늘어난답니다.

부러워하기보다 자신이 할 수 있는 일을 생각해 보세요!

보호자를 위한 조언

사춘기가 된 아이들 중에는 주위 사람과 자신을 비교하고 자신감을 잃는 경우가 있어요. 이럴 때는 격려해 주는 것도 좋지만, 아이들이 '있는 그대로의 나도 충분히 사랑받고 있구나.' 하고 생각할 수 있도록 도와주는 것이 중요합니다.

잘하지 못하는 내가 싫어

'못하는 것'만 생각하며 자신을 괴롭힐 필요는 없어요

'나는 뭘 해도 안 돼.'라고 생각하는 사람이 있을 거예요. 하지만 '이것도 안 되고 저것도 안 돼.'라며 자신이 못하는 일을 꼽으면서 스스로를 괴롭혀서는 안 돼요. 아주 작은 일이라도 좋아요. 여러분이 할 수 있는 일이나 좋아하는 것을 찾아보세요. 저는 이것을 '좋은 점 찾기'라고 부른답니다. 예를 들어, 친구가 여러분을 보고 살짝 미소를 짓는다고 생각해 보세요. 그런 작은 일도 충분히 여러분의 좋은 점이 될 수 있답니다.

아무리 작은 것이라도 좋아요! '좋은 점'이 곧 자신감이 됩니다

나쁜 점, 못하는 것을 찾지 말고, 좋은 점을 찾자

그림 그리기를 좋아한다.

다정하게 말한다.

식사를 즐긴다.

운동을 좋아한다.

친구들과 잘 어울린다.

글씨를 잘 쓴다.

독서를 좋아한다.

> 부모님이나 친구에게 여러분의 '좋은 점'이 무엇인지 물어보는 것도 좋아요.

보호자를 위한 조언

누군가에게 인정받는 경험은 매우 소중합니다. 잘 해낸 일을 칭찬하는 것뿐만 아니라, 실패를 인정해 주어야 해요. 잘 해내든, 잘 해내지 못하든, 아이가 노력한 과정을 인정해 주는 것이 중요합니다.

실패가 두려워

실패는 부끄러운 일이 아니에요!

예를 들어 봅시다. 다른 사람들 앞에서 발표할 때, 누군가가 보고 있다는 사실만으로도 긴장되어 제대로 목소리가 나오지 않는 경우가 있어요. 누구나 '실패가 무서워.', '부끄러워.' 등을 생각한답니다. 때로는 마음속 깊은 곳에서 '실패하는 내가 싫어.' 하고 부정적인 생각들이 솟구치기도 하죠. 실패는 성장의 첫걸음이에요. 그럼에도 실패하기를 두려워하는 여러분에게 작은 요령을 알려 주고 싶어요.

앞에 있는 사람들은 적이 아니에요

눈앞에 있는 사람은 싸우는 상대가 아니라, 여러분의 발표를 들어 주는 사람이에요. 적이 아니라고 생각하면, 조금은 안심할 수 있을 거예요.

실패할지도 모른다는 두려움이 긴장의 원인

마음속으로 '실패할지도 몰라.' 하고 섣불리 생각해 버리면 저절로 긴장하게 된답니다. 물론 처음 겪는 일이라면 긴장하는 건 당연한 일이에요. 그럴수록 머릿속에서 앞으로 일어날 상황을 떠올리는 연습을 하면서, 의식적으로 처음 겪는 일이 아니라고 생각해 보세요.

실패하지 않기 위한 준비를 해요

가족 앞에서 연습을 해요.

발표할 내용을 종이에 적어 여러 번 읽어요.

긴장하지 않는 나만의 주문을 만들어요.

성공했던 경험을 생각해 내요.

사실 매우 간단한 것들이랍니다!

자기 자신을 좋아한다는 건 뭘까?

여러분을 가장 응원하는 사람은, 바로 자신이에요

자기 자신을 좋아한다는 것은, 쉽게 말하면 '자기편이 항상 가장 가까이에 있다.'는 것이에요. 가령 실패를 하더라도 '그래도 열심히 했잖아.' 하고 스스로 칭찬할 수 있답니다. 다른 사람의 평가를 신경 쓰지 않고, 자기 자신을 있는 그대로 받아들일 수 있어야 해요. 그럴 때 진정한 의미로 자신감을 가질 수 있게 되는 거랍니다.

'다른 사람에게 존경받는 것'을 목표로 한다면…

자기 자신을 좋아하기 위해서, 다른 사람의 평가에 신경 쓰거나 무언가를 끝까지 해낸 자신만을 인정한다면, 결국 더 괴로워진답니다.

있는 그대로의 자신을 받아들여요

'자기긍정'이라는 말이 있어요. 자기 자신을 좋게 평가하는 것은 훌륭한 일이지만, 그것보다도 더 좋은 것은 '자기수용(어떤 자신이라도 받아들일 수 있는 힘)'이에요. 목표를 갖고 노력하는 것도 멋지지만, 부족한 자신도 나쁘지 않다고 생각할 수 있다면 더 좋을 거예요.

지금의 자신을 부정하지 않는다.

지금 할 수 있는 일을 찾는다.

지금의 자신도 나쁘지 않다.

더 나아가 '○○가 되고 싶어!' 라는 목표를 세운다.

자신을 긍정적으로 받아들여 보세요.

보호자를 위한 조언

아이의 자기긍정은 높을수록 좋습니다. 그러나 아이가 무언가를 해내든 해내지 못하든, 존재 자체를 있는 그대로 받아들여 주는 것은 부모만이 할 수 있는 일이랍니다. 따뜻한 시선으로 아이를 지켜봐 주세요.

토모야 선생님의
따뜻한 메시지

"나는 겨우 이 정도야." 하고 자기 자신을 단정해 버리면, 쉽게 바꿀 수 없어요. "이것도 못 하고 저것도 못 하는 부족한 나라도 괜찮아." 하고, 그렇게 생각할 수 있는 여러분이 되기를 바랍니다.

친구가 나쁜 걸까?
내가 나쁜 걸까?

친구와 지내는 시간이 늘어나면, 화가 날 때도 있고, 반대로 친구가 화를 낼 때도 있을 거예요. '어쩌면 이 아이에게 오늘 무언가 좋지 않은 일이 있었을지도 몰라.' 하는 시선으로 상대를 대하면, 불편한 마음이나 짜증이 조금은 줄어들지도 몰라요.

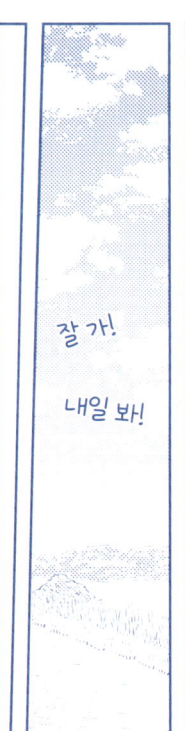

친구 관계와 연애에 대한 Q&A

Q 친한 친구가 내 험담을 한 것 같아요.

A 정말 험담을 했는지 먼저 확인해 보세요.

정말 충격적인 일이네요. 그렇지만 먼저 그 친구가 정말로 나에 대해 험담을 한 것이 사실인지 확인해야 해요. 여럿이 나누는 대화에서는 이야기가 다르게 전달되기도 하고, 분위기에 휩쓸려 '그렇지.' 하고 자기도 모르게 말해 버리는 경우가 있기 때문이에요. 다른 친구들의 이야기도 들어 보고 나서 판단하세요. 만약 친구가 험담을 한 것이 사실이라면, 왜 그 친구가 그런 말을 했는지 곰곰이 생각해 보세요. 분명 대응 방법을 찾을 수 있을 거예요.

Q 친한 친구가 다른 아이와 친하게 지내는 것이 싫어요.

A 친구를 탓하지 말고, 자기 마음을 잘 살펴보세요.

친한 친구가 다른 아이와 잘 어울리는 모습을 보면 '내가 싫어진 걸까?' 하고 불안해지거나, 친구를 의심하게 될 수도 있어요. 그러나 사실은 '나는 사랑받을 자격이 있는 걸까?' 하고 생각하면서 자신감이 떨어지고, 친구에게 짜증을 내게 된답니다. 어려운 일이지만, 친구에게 어떤 대응을 하기보다, 먼저 자신의 마음을 잘 살피도록 노력해 보세요.

친구 관계와 연애에 대한 Q&A

Q 항상 함께인 친구와 조금 거리를 두고 싶어요.

A 우선 어떤 부분이 싫은지 적어 보고, 할 수 있는 일을 해 보세요.

친구와 적당한 거리를 두는 건 어른들에게도 힘든 일이랍니다. 친구는 여러분이 자신을 싫어하는지를 알아채지 못할 수도 있어요. 갑자기 쌀쌀맞게 대하면 사이가 멀어질 수 있으니까 우선 친구의 어떤 점이 싫은지 적어 보세요. 그리고 할 수 있는 일을 하나씩, 조금씩 해 보세요. 어떻게 하면 좋을지 모르겠다면, 부모님이나 믿을 수 있는 어른에게 도움을 청하는 것도 좋아요.

Q 나를 깎아내리는 친구에게 화가 나요.

A 나를 깎아내리는 친구는 사실 자신감이 부족할지도 몰라요.

화가 솟구치는 건 어쩔 수 없는 일이에요. 중요한 것은 그 감정을 어떻게 다루느냐는 것이죠. 나를 깎아내리거나 자기 자랑만 하는 친구는 자신감이 부족하거나 열등감(다른 사람보다 뒤처진다는 생각)이 있는 건지도 몰라요. 그런 상황을 알고 있으면 '사실은 자신이 없었던 거구나.', '부끄러운 행동이잖아.' 하고 생각하게 돼요. 조금은 어른이 된 듯한 기분이 들지 않나요?

친구 관계와 연애에 대한 Q&A

Q 분위기에 따라 나도 모르게 지나친 말을 할 때가 있어요.

A 분위기에 휩쓸리기 쉬운 건 당연해요. 하지만 자신의 행동이나 발언에 책임을 져야 해요.

친구들과 재밌게 놀려고 하다 보니 과한 말을 하게 된 거네요. 우리나라 사람들은 동료애가 강한 편이라, 자신이 속한 집단의 분위기에 쉽게 휩쓸려 버리는 경우가 있어요. 그러나 자신도 모르게 내뱉은 말에 상처받는 사람이 있다는 사실을 꼭 기억해야 해요. 단체 생활을 하면 할수록, 자신이 하는 행동이나 발언에 책임감을 가져야 해요. 이런 사실을 아는 여러분은 분명 멋진 어른이 될 수 있을 거예요.

Q 친구들 사이에서 항상 놀림 받지만, 밝은 척해야 하는 게 싫어요.

A 자신의 기분을 솔직한 말로 친구들에게 전해야 해요.

아마 여러분을 놀리는 친구들은 여러분이 그런 상황을 싫어한다는 사실을 모를 거예요. 그럴 땐 솔직하게 자신의 기분을 전해야 해요. 이때 중요한 건 전달 방법이에요. 감정적으로 표현하거나 상대방을 탓하지 말고, 자신을 주어로 한 문장으로 표현하는 것이 요령입니다. '나는 이렇게 하는 건 싫었어.', '나는 이렇게 할 때 속상해.' 하고 솔직하게 말해야, 친구도 오해하지 않고 여러분의 생각을 받아들일 수 있어요.

친구 관계와 연애에 대한 Q&A

Q 친구들과 대화하는 게 어려워요. 대화에 끼어들 수가 없어요.

A 우선 친구가 터놓고 말하고 싶어지는 '잘 들어 주는 친구'가 되어 보세요.

대화하는 게 어렵다면, 서두르지 말고 차근차근 시작해 보세요. 관계를 맺으려면 시간이 필요해요. 만약 자연스러운 대화를 나누기 어렵다면, 친구의 말을 잘 들어 주는 것부터 시작해 보세요. 사람은 자신의 이야기를 잘 들어 주는 사람을 좋아합니다. 친구의 이야기를 들으며 미소 짓거나 고개를 끄덕이면서, 친구가 편하게 이야기할 수 있게 돕는 건 어렵지 않을 거예요. 한번 시작해 보세요.

**Q 단체 생활이 어려워요.
사실 혼자 있는 게 더 좋아요.**

A 혼자가 좋은 건 부끄러운 일이 아니에요.

혼자 있다는 걸 부끄러워할 필요는 없어요. 학교나 동아리와 같은 집단 속에서 혼자가 되려면 대단한 용기가 필요하지만, 애써 무리하며 노력할 필요는 없어요. 어떤 사람들은 혼자라서 불쌍하다고 여겨지는 일을 싫어하기도 할 거예요. 하지만 사실, 혼자가 불쌍하다고 생각하는 건 자기 자신뿐일지도 모르죠. 혼자인 여러분은 전혀 불쌍하지 않아요. 우선 혼자 있는 걸 좋아하는 자신을 인정하는 것부터 시작해 보세요.

친구 관계와 연애에 대한 Q&A

Q 좋아하는 아이에게 고백할 용기가 없어요.

A 조금씩 서로의 거리를 좁히는 것부터 시작해 보세요.

누군가를 좋아하는 건 아주 멋진 일이에요. 우선 누군가를 좋아하게 된 자신을 인정하고 칭찬해 주세요. 그리고 그 감정을 어떻게 전하면 좋을지 생각해 보세요. 갑작스러운 고백보다는 대화를 통해 서로의 거리를 좁혀 가는 것이 좋을 거예요. 누군가를 좋아하는 감정은 멋지지만, 내 감정을 앞세우기보다는 상대방의 마음도 헤아려 볼 필요가 있어요. 여러분이 좋아하는 사람과 좋은 관계를 맺기 바랍니다.

Q 좋아하는 아이가 자꾸 떠올라서 공부가 손에 잡히지 않아요.

A 자연스러운 일이지만, 여러분의 생활을 잘해 나가는 것도 중요해요.

좋아하는 사람을 생각하게 되는 건 감정의 자연스러운 흐름입니다. 전혀 이상한 일이 아니에요. 우선 그런 자신의 감정을 부정하지 말고, 있는 그대로 받아들이는 것이 중요합니다. 그렇지만 여러분은 학생이므로 공부도 소홀히 해서는 안 되겠죠. 공부뿐만 아니라 운동이나 취미 활동 등 좋아하는 일도 하나씩 해 보세요. 이런 일들을 통해 감정을 잘 조절할 수 있게 되고, 더욱 매력적인 사람으로 거듭날 수 있답니다.

친구 관계와 연애에 대한 Q&A

Q SNS로 감정을 전하는 게 더 편한 것 같아요.

A 상대와의 관계에 따라 다르지만, SNS를 할 때는 주의해야 해요.

친구 관계든 연인 관계든 SNS는 감정을 전달하는 편리한 도구입니다. 직접 상대와 만나 대화하는 것과 SNS 상에서의 대화는 장점과 단점이 각각 있어서 어느 쪽이 더 낫다고 할 수 없어요. 상대와의 관계에 따라 다르겠지만, SNS는 직접 나누는 대화에 비해 오해를 불러일으키기 쉬워요. SNS를 할 때의 주의점(58쪽)을 참고해 주세요.

토모야 선생님의
따뜻한 메시지

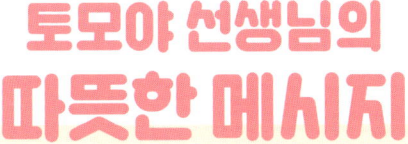

"뭐, 그렇게 생각할 수도 있겠네."

이 말을 자주 하면 친구와의

갈등을 줄일 수 있답니다.

전 세계에는 80억 명의 사람이 있고,

각각 다른 80억 가지의 생각이

있으니까요.

SNS에서 무엇을 주의해야 할까?

편리하지만 오해가 생기기 쉬워요

SNS는 기본적으로 문자로 의사소통을 하지요. 물론 상대방의 얼굴도 보이지 않아요. 그래서 표정이나 감정을 읽기 어렵고, 문자만으로는 상대방이 어떤 생각을 하는지 알기 어려워요. 쉽고 간단하게 대화를 나눌 수 있는 장점이 있는 반면, 전달 방식에 따라 오해를 불러일으키기 쉽다는 단점이 있으니 주의해야 해요.

SNS로 대화할 때의 포인트

말투는 정중하게

SNS는 짧은 말들로 대화가 이루어져요. 그래서 차갑거나 가벼운 느낌을 받기 쉬워요. 친한 친구 사이라고 해도, 직접 만나서 대화하는 것보다 조금 더 정중한 말투를 써야, 부드럽고 자연스럽게 대화를 이어 나갈 수 있어요.

감정을 전달하는 이모티콘

SNS에서는 서로의 표정이 보이지 않아요. 그래서 같은 말을 해도 다른 의미로 받아들여질 수 있지요. 이럴 땐 이모티콘을 사용하면 좋아요. 표정이나 감정이 드러나는 이모티콘을 사용하면 대화 중에 생길 수 있는 오해를 줄일 수 있답니다.

마음 편하게 SNS로 대화를 나누려면

상대방의 답변이 늦어도 괜찮아요

내가 남긴 메시지에 바로 답변이 오지 않는다고 신경을 쓰는 사람도 있어요. 그러나 상대방에게도 사정이 있어요. 씻는 중이거나 다른 일에 몰두하고 있을 수도 있고요. 상대방의 답장이나 반응에 지나치게 신경 쓰지 말고, 느긋한 마음을 갖도록 해요.

직접 만나 대화하는 것이 좋아요

학교에서 만날 수 있는 친구와는 SNS뿐만 아니라 직접 만나서 대화하는 것도 중요해요. 서로 마주 보고 이야기를 나누면 신뢰가 한층 더 깊어지고, 상대방의 진심을 알기 쉽답니다.

상황에 맞게 대화를 해 보세요!

괴롭힘에 어떻게 대처할까? 우리가 할 수 있는 일

괴롭힘은 지나친 장난이 아닌, 명백한 범죄입니다. 어린이라고 해서 용서받을 수 있는 일이 아니에요. 여러분이 지금 직접적인 피해자나 가해자가 아닐 수도 있지만, 자신과 관계없는 일이라고 생각하기보다, 누구에게나 벌어질 수 있는 일이라고 생각해야 해요. 그것이 바로 우리 주위에서 일어나고 있는 괴롭힘 문제를 해결하는 첫걸음이랍니다.

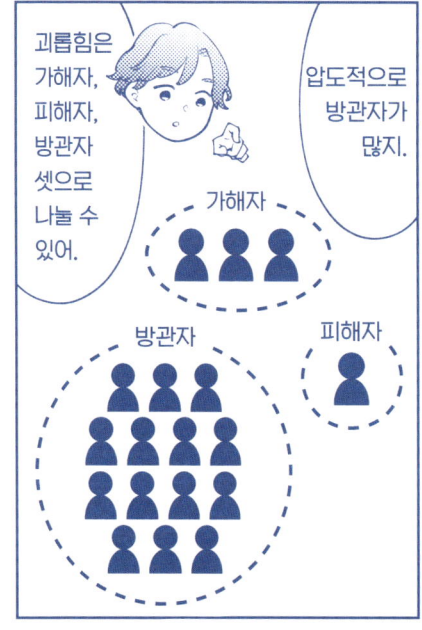

괴롭힘을 당한다면 괴롭힘에서 벗어나자!

괴롭힘을 당하는 게 당연하다는 건 있을 수 없는 일!

지금 괴롭힘을 당하고 있는 누군가에게 꼭 해 주고 싶은 말이 있어요. "당신은 조금도 나쁘지 않아요!"라고요. 흔히 "피해자에게도 책임이 있어."라고 말하는 사람이 있지만, 절대 그렇지 않습니다. 괴롭힘은 범죄예요. 괴롭힘의 계기나 원인이 있었다고 해도, 그것이 괴롭힘의 이유가 될 수 없다는 걸 알아 두세요. 힘들다면, 믿을 수 있는 사람에게 털어놔 보세요.

'괴롭힘을 당하는 쪽'에 책임은 전혀 없어!

다시 말하지만, 괴롭힘을 당하는 쪽에는 책임이 없습니다. 그러니 괴롭히는 쪽의 상황을 전혀 신경 쓸 필요가 없어요. 부끄럽다고 생각할 필요도 없습니다.

괴롭힘으로 고민하고 있다면

'괴롭힘을 당하고 있는 나 자신이 부끄러워요.', '부모님께 걱정을 끼치고 싶지 않아요.' 등의 이유로 혼자 고민을 떠안는 경우도 있어요. 그렇지만 절대로 참지 말고, 아래에 소개하는 행동들을 해 보세요.

1 도망쳐도 괜찮아요

나쁜 사람, 나쁜 환경으로부터 당당하게 도망쳐도 좋아요. 도망치는 건 자신을 지키는 일이에요. 부끄러운 일이 아니랍니다.

2 믿을 수 있는 사람이 누군지 알아 두세요

괴롭힘뿐만 아니라 자신의 이야기를 다 털어놓을 수 있을 만한 사람을 정해 두세요. 부모님은 물론이고 학교나 학원의 선생님도 괜찮아요.

3 안심할 수 있는 장소를 찾아 두세요

언제라도 자신이 마음 편하게 쉴 수 있는 장소를 찾아 두는 일도 매우 중요해요. 집 이외에도 나답게 있을 수 있는 장소가 있다면 좋을 거예요.

괴롭힘에 대한 Q&A

Q 부모님께 걱정을 끼치고 싶지 않아서, 털어놓을 수 없어요.

A 다른 사람에게 도움을 청해 주세요.

걱정을 끼치고 싶지 않아서 부모님께 말씀드리기 어려운 마음은 이해해요. 하지만 부모님 외에도 여러분을 도와줄 수 있는 선생님, 친척, 믿을 만한 친구들이 있어요. 중요한 건 혼자 고민하지 않고 믿을 수 있는 누군가에게 상황을 알리는 거예요. 말하기 어렵다면 적어서 전달해도 괜찮아요. 다만, SNS 같은 곳에서 만나지도 않은 사람에게는 털어놓지 않는 것이 좋아요. 안전하고 신뢰할 수 있는 사람에게만 마음을 열어 주세요.

Q 괴롭힘당하는 상황을 어디에 털어놓아야 할까요?

A 상담 창구는 얼마든지 있어요.

학교 상담실이나 보건실을 비롯해 경찰이나 여성가족부에서도 상담 창구를 운영하고 있어요. 전화는 물론이고 문자 메시지로도 상담을 할 수 있어요. 바로 조언을 해 주는 경우도 있고, 별도의 상담 창구나 다른 전문 상담사와 연결해 주는 경우도 있답니다. 상담을 요청하기까지는 적지 않은 용기가 필요할 수도 있어요. 그렇지만 상담받을 수 있는 곳이 우리 주위에 얼마든지 있다는 사실을 알아 두는 것만으로도 마음이 든든할 거예요.

괴롭힘에 대한 Q&A

Q 학교에 갈 생각을 하니 속이 안 좋아요.

A 우선 몸 상태가 나쁜 건 아닌지를 확인해 보세요.

병원에 가서 진찰을 받아 몸 상태가 어떤지 확인해 보세요. 학교에 가는 일을 떠올릴 때마다 증상이 나타난다면, 괴롭힘 등으로 인한 걱정과 관계되어 있을 수 있어요. 그렇다고 마음 탓이라고 섣불리 판단해 버리면 건강상의 문제가 드러나지 않게 된답니다. 마음과 몸은 깊게 관련되어 있으므로 섣불리 판단하지 말고, 전문가와 상담해서 판단하는 것이 중요합니다.

Q 괴롭힘을 당하는 나 자신이 점점 싫어져요.

A 여러분은 잘못이 없어요.

괴롭힘을 당하고 있다고 해서, 자신이 잘못했다거나 나쁜 사람이라고 생각하고, 스스로 미워하고 있지는 않나요? 그것은 괴롭힘을 당한 경험을 바탕으로 자신을 스스로 괴롭히고 있는 것과 같아요. 하지만 거듭 말하지만, 나쁜 것은 괴롭히는 쪽입니다. 여러분은 미움을 받을 만한 사람이 아니에요. 자기 자신을 굳게 믿고 자신을 잃어버리지 않도록 노력해야 해요.

누군가를 괴롭혀도 답답함은 사라지지 않아!

왜 친구를 괴롭히는 걸까요? 냉정하게 생각해 봅시다

친구를 괴롭히는 사람은 괴롭힌다는 생각을 하지 못할 거예요. 만약 지금 누군가를 괴롭히고 있다는 사실을 알고 있다면, 왜 괴롭히게 된 건지 생각해 보세요. 그리고 괴롭힘은 명백한 범죄라는 사실을 알아야 합니다. 괴롭히는 쪽은 그저 장난이라 생각하겠지만, 당하는 쪽이 싫다고 느낀다면 그것은 분명 괴롭힘입니다. 괴롭히는 쪽도 괴롭힘을 당하는 쪽도, '괴롭힘'이라는 행동으로는 그 무엇도 얻을 수 없어요. 좋은 일은 결코 없을 거예요.

괴롭힘은 부끄러운 일

친구를 괴롭히면서 자신이 강하거나 뛰어나다고 생각하는 사람이 있을지도 몰라요. 하지만 괴롭힘은 정말 못난 행동입니다. 정말로 강하고 좋은 사람은 어떻게 행동할지 잘 생각해 보세요.

괴롭히는 아이에게 숨겨진 진심

스트레스나 불만이 쌓인 불쾌한 마음이 친구를 괴롭히는 행동으로 이어지는 경우가 있어요. 그 외에도 자신의 강함을 드러내고 싶어서 괴롭히는 경우도 있지요. 어떤 이유든 누군가를 괴롭히는 것은 잘못된 일입니다.

1 자신의 스트레스를 다른 사람에게 분출하는 경우

화가 날 때, 다른 누군가를 괴롭히면서 화를 발산시키고 있지는 않나요? 열심히 운동을 하거나 누군가와 대화를 나누며 답답한 마음을 털어놓아 보세요. 다른 사람에게 피해를 주지 않고, 스스로 스트레스를 발산시켜야 해요.

2 다른 사람의 기분이 어떨지 상상하는 것이 서툰 경우

상상력이 부족해서 상대방이 싫어한다는 사실을 깨닫지 못하거나, 괴롭히면서도 상대방의 입장을 전혀 생각하지 못하는 경우가 있어요. 마음이나 몸이 건강하지 못한 것이 원인일 수 있으므로, 병원에서 상담을 받아 보도록 합시다.

괴롭힘당하는 친구를 보고만 있어도 될까?

자신은 상관없다고 해도, 할 수 있는 일이 있어요

많은 사람이 '나는 괴롭힘과는 상관없어.'라고 생각할 거예요. 괴롭히는 상황을 보고만 있는 사람을 '방관자'라고 합니다. 방관자라도 괴롭힘이 심해져 더 이상 되돌릴 수 없게 된다면, 후회하거나 자책하며 괴로워할 가능성도 있어요. 곧장 괴롭힘을 멈추기 위한 행동은 할 수 없더라도, 무엇을 하면 좋을지, 정말 어떻게 하고 싶은지에 대해 자기 나름의 의견이나 생각을 정리해 보세요.

방관자의 심리는 어떨까?

1. 다른 사람들이 자신의 행동을 어떻게 생각할지 걱정한다

주위 사람들의 시선을 신경 써서 행동으로 옮기지 못하는 타입이에요. 예를 들어, 괴롭히는 상황을 멈추게 하려고 끼어들었을 경우, 다른 친구들이 부정적인 시선으로 자신을 보게 될까 걱정하여, 행동으로 옮기지 못하게 된답니다.

2. 다수에 속한다면 책임지지 않아도 된다고 생각한다

자신이 하지 않아도 다른 누군가가 할 거라고 생각합니다. 또 다른 사람들과 같은 행동을 하면, 도드라지지 않기 때문에 책임질 일도 없고, 비난받을 일도 없을 거라고 생각하지요.

3. 주위 사람이 말리지 않으니, 자신도 말리지 않아도 된다고 판단한다

모두 아무것도 하지 않으니까, 굳이 도와줄 필요가 없다는 잘못된 판단을 하는 경우가 있어요. 다수의 생각이 꼭 옳은 건 아니라는 사실을 알아야 해요.

학교에 가기 싫어. 이러면 안 되는 거야?

제대로 쉬는 것도 중요해요

가장 먼저 전하고 싶은 말이 있어요. 학교에 가지 않는 일이 인생의 실패로 이어지는 건 아니랍니다. 학교에 가지 않는다고 인생이 끝나는 것도 아니에요. 원인은 다양합니다. 본인도 왜 학교에 가고 싶지 않은지 알 수 없는 경우도 있어요. 학교에 갈 수 없는 자신이 싫다고 생각하기도 하고, 자신감을 잃게 되는 경우도 있지만, 결코 자신을 탓하지는 마세요. 학교를 쉬더라도 여러분은 무엇이든 할 수 있고, 무엇이든 될 수 있어요. 물론 조급해하지 않아도 됩니다. 힘이 날 때까지 쉬는 것도 좋은 방법이 될 수 있어요.

등교 거부의 원인은 무엇이 있을까?

친구나 선생님과의 관계

친구나 선생님과의 관계 등, 인간관계가 등교 거부의 계기가 되기도 해요. 특히 사춘기에는 인간관계가 복잡해지는 시기이므로, 고민이 많아지는 것도 이상한 일이 아니에요.

스스로에 대한 자신감 부족

공부, 운동, 외모, 성격 등 친구와 비교해서 자신이 부족하다고 느끼게 되면, 점점 학교에 가기 싫어집니다.

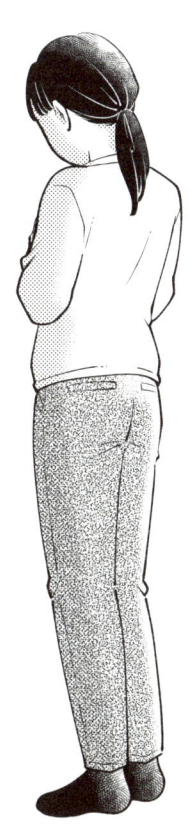

건강하지 않은 몸

아침에 일찍 일어나기 어렵거나 몸이 나른한 것은 몸이 아프기 때문일 수도 있어요. 기분 탓이라고 단정 짓지 말고, 병원에 가 보는 것이 좋아요.

왠지 모를 불안함

사춘기의 불안정한 마음도 등교 거부의 원인이 될 수 있어요. 보호자나 정신건강의학과 의사와의 상담을 통해 함께 고민해 보면, 원인이 조금씩 밝혀질 수도 있어요.

학교에 가기 싫어! 어떻게 하면 좋을까?

학교에 가는 대신 홈스쿨링을 할 수 있어요

학교에 가는 대신 집에서 부모님에게 교육을 받는 제도예요. 꼭 학교에서 공부를 해야 하는 건 아니니까요. 부모님의 도움이 반드시 필요합니다.

괜찮아질 때까지 쉬어도 좋아요

너무 노력할 필요는 없어요. 몸이 괜찮아질 때까지 푹 쉬어 보세요. 물론 학교에 갈 수 있을 정도로 회복되더라도, 마음이 힘들다면 상담을 통해 더 쉬는 것이 좋아요. 그런 자신을 부끄러워할 필요는 없어요.

교실에 들어가는 것에 연연하지 않아도 괜찮아요

학교에는 상담실도 있고 보건실도 있어요. 그곳에서 공부를 하거나 이야기를 나누어 볼 수도 있어요. 교실에 꼭 가야 할 필요는 없어요. 자신이 할 수 있는 일부터 시도해 보세요.

쉬는 시간이나 행사가 있을 때만 등교해도 괜찮아요

교실에 들어가기 힘들거나 수업을 받기 어렵지만, 학교 행사나 쉬는 시간에 친구들과 노는 것에는 어려움이 없는 경우도 있어요. 학교에 가고 싶다는 마음이 들 때는 잠시라도 좋으니 등교해 보세요.

※학교에 따라 등교 거부를 하는 아이에 대한 대응이 다르므로, 학교 측과 충분한 상담을 나눈 후에 결정하도록 합시다.

학교에 가지 않아도 좋아요!
목표는 멀리 있지 않아요

학교에 가지 않아도 공부는 언제 어디서나 할 수 있어요

'학습 지연'을 신경 쓰는 아이들이 있지만, 학원이나 프리스쿨, 온라인 수업 등, 학교에서의 대면 수업 이외에도 다양한 학습 방법이 있어요. 학교에 가지 않고도 고등학교 졸업 자격을 취득하기도 하고, 대입 시험을 쳐서 대학교에 합격하는 경우도 있어요. 공부는 언제 어디서나 할 수 있답니다.

다른 사람의 마음을 잘 이해하는 어른이 될 수 있어요

등교 거부는 괴로운 일이에요. 그렇지만 그 귀중한 경험은, 훗날 살아가는 데에 도움이 됩니다. 자신과 같이 등교 거부를 하는 아이의 마음을 잘 헤아릴 수 있거나, 자신감을 잃은 누군가가 의지할 수 있는 사람이 될 수도 있어요. 바로 자신이 그런 경험을 해 보았기 때문에 상대방을 더 잘 이해할 수 있는 매력적인 어른이 될 수 있어요.

더 알아보기

피해자·가해자·방관자의 보호자에게

내 아이가 괴롭힘을 당한다면?

아이의 몸과 마음을 돌보는 일이 가장 중요합니다

아이가 괴롭힘을 당한다면, 부모로서 걱정하는 건 당연합니다. 만약 아이가 괴롭힘으로 인해 상태가 나빠지거나, 아침에 일어나기 어려워한다면, 무리해서 학교에 보낼 필요는 없습니다. 아이의 몸과 마음을 최우선으로 고려하여 안전한 보금자리를 만들어 주세요. 그리고 아이가 무엇을 곤란해 하는지, 무엇을 원하는지 물어봅시다. 문제 해결은 그다음이에요.

학교에 가지 못하는 아이에게 무리해서 등교를 강요하거나 힘내라고 말하는 건 오히려 역효과를 불러일으킵니다. 우선 아이의 마음에 귀를 기울여 보세요.

내 아이가 친구를 괴롭히고 있다면?

괴롭힘은 범죄라고 단호하게 알려 주어야 합니다

아이가 친구를 괴롭히고 있다는 사실에 충격을 받을지도 모릅니다. 하지만 아이를 감싸 주고 싶다는 마음은 접어 두고, 객관적으로 상황을 판단해야 합니다. 단호한 태도로 다음과 같이 말해 보세요. "어떤 이유든지, 괴롭히는 쪽이 나빠. 괴롭힘은 분명 범죄야."

아이가 왜 그랬는지, 지금 어떤 생각을 하고 있는지를 물어보고, 앞으로 어떻게 해야 좋을지를 함께 생각해 보세요.

아무리 아이라고 해도 행동에는 책임이 따르는 법입니다. 이 시기에 제대로 가르치는 것이 미래를 위해서도 좋습니다.

아이가 괴롭힘을 방관하고 있다면?

잘잘못을 판단하기보다 보호자의 생각을 이야기해 주세요

부모님은 학교 현장을 직접 볼 수 없으므로 안이하게 좋고 나쁨을 판단해서는 안 됩니다. 또한 "괴롭히는 친구를 말려야지." 하고 아이에게 행동을 촉구하지 않는 게 좋아요. 아이의 이야기를 잘 듣고, "엄마(혹은 아빠)라면 이렇게 했을 것 같아." 하고 이야기해 주는 정도가 좋습니다. 또는 "괴롭힘을 당하고 있는 아이는 분명 이런 기분이지 않을까?" 하고 피해 아이의 입장을 상상할 수 있는 말을 건네는 것도 좋습니다.

아이의 행동을 컨트롤하지 말고, 아이의 말에 공감하며 부모님의 솔직한 생각을 전해 주세요.

더 알아보기

학교에 갈 수 없는 아이를 둔 부모님을 위한 조언

등교 거부를 하는 아이를 둔 부모님의 마음을 헤아리기는 어렵습니다. 하지만 무엇보다 부모님이 초조해하지 않고 마음의 여유를 갖는 것이 중요합니다.

집을 '마음 편한 장소'로 만들어 주세요

아이가 등교 거부를 하면, 부모님은 불안해하며 원인을 찾고, 어떻게든 해결하려고 합니다. 하지만 많은 아이가 바라는 것은 문제 해결보다 먼저 마음을 달래 주는 것이 아닐까요? 부모님이 할 수 있는 가장 중요한 일은, 집을 '마음 편한 장소'로 만드는 것입니다. 그리고 아이가 활기를 되찾을 때까지 초조해하지 말고 기다려 주는 것이죠. 실제로 등교 거부가 평생 은둔형 외톨이로 이어지는 경우는 많지 않고, 많은 아이가 스스로 자립하여 살아간다고 합니다. 아무쪼록 지나친 걱정은 하지 말아 주세요.

토모야 선생님의
따뜻한 메시지

사소한 말에 돋친 작은 가시가

수년간 지속적으로 사람의

마음을 찌르기도 합니다.

무심코 내뱉은 한마디가 오랫동안

다른 사람을 괴롭힐 수

있다는 것을 잊지 마세요.

선생님도 부모님도 짜증 나! 어른은 도대체 왜 그래?

어른을 짜증 난다고 생각한 적 있나요? 어째서 그렇게 느꼈나요? 그렇다면 어른과 아이는 무엇이 다른 걸까요? 여러분도 반드시 어른이 됩니다. 도대체 어른은 어떤 존재인지, 여러분은 장래에 어떤 어른이 되고 싶은지, 함께 생각해 봅시다.

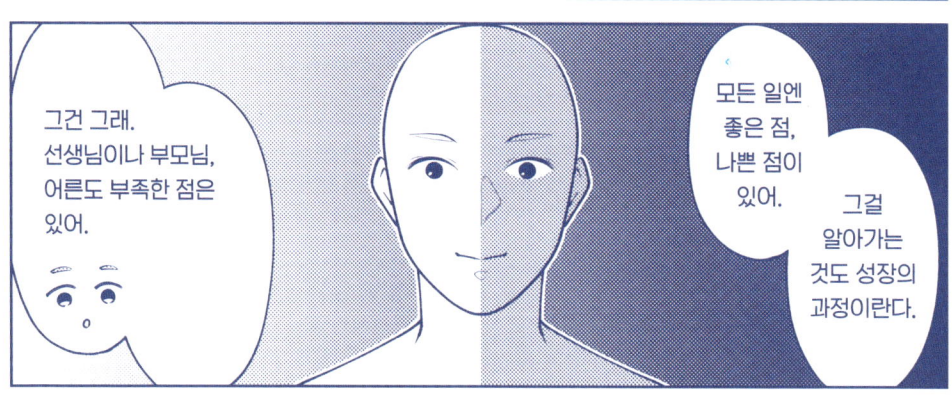

어른이 된다는 건 어떤 거야?

어른과 아이의 다른 점을 생각해 봅시다

여기에서 말하는 '어른'이란, 나이나 몸의 성장만을 말하는 것이 아니에요. 어른이 된다는 건, 자신에 대해 더 잘 알고, 친구나 가족 등 주변 사람들과의 관계를 잘 이해해서 상대방의 입장이 되어 생각할 수 있는 사람이 되는 것이라고 생각해요. 또한 자신의 행동에 책임을 지는 것도 매우 중요합니다. 우리는 갑자기 어른이 될 수 없어요. 사춘기는 어른이 되기 위한 준비 단계. 초조해하지 말고 서서히 어른이 되어 볼까요?

몸이 자랐다고 해서 어른이 되는 건 아니에요

어른이 되기 위해서는 정체성을 확립해야 해요

조금 어려운 이야기일지도 모르지만, 정체성이란 자신이 어떤 사람인지를 제대로 이해하는 것을 말해요. 아래의 다섯 가지 설명처럼, 여러 사람과의 관계 속에서 자신과 타인을 이해하고, 자신의 위치를 파악하는 것이 바로 '정체성 확립'이랍니다.

- 과거의 자신을 받아들여요.
- 자신에 대해 잘 알고 있어요.
- 사회의 일원으로 자부심을 갖고 활동해요.
- 다른 사람과의 차이를 인정하고 존중해요.
- 주위의 의견을 참고해서 자신만의 생각을 주장할 수 있어요.

이런 어른이 되고 싶어!

이상적인 어른의 모습을 그려 보세요

여러분은 어떤 어른이 되고 싶나요? 멋있는 어른? 돈이 많은 어른? 상냥한 어른? 여러분의 주위에는 많은 어른이 있어요. 우선 가까운 어른부터, 여러분이 생각하는 이상적인 어른을 찾아보세요. 겉모습뿐만 아니라, 성격이나 행동도 잘 관찰해서 '이런 어른이 멋지구나!', '이 사람의 이 부분은 닮고 싶어.' 하고 생각할 수 있는 부분을 찾아보는 것도 좋아요.

나와 가까운 어른들은 어떤 사람일까?

아버지, 어머니, 학교 선생님, 축구 교실 코치나 감독님, 학원 선생님, 이웃 아저씨나 아주머니 등, 내 주위의 어른들을 잘 살펴보세요. 어른들의 역할이나 서로의 관계에 대해 잘 생각해 보는 것도 재미있답니다.

어른에게는 '자유'와 함께 '책임'이 함께 주어져요!

일을 제대로 해요.

스마트폰을 마음껏 써요.

술을 마셔요.

사회인으로서의 규칙을 지켜요.

바른 말을 사용해요.

좋아하는 곳으로 여행을 떠나요.

어른에게는 자신의 판단으로 여러 가지 행동을 할 수 있는 자유가 있어요. 그러나 자유에는 반드시 책임이 따른답니다. 자신이 한 일에 책임을 질 수 있는 것이, 어른의 조건 중 하나랍니다.

보호자를 위한 조언

어린이들은 자유롭게 행동하는 어른을 보고 '어른들은 치사해.'라고 말하기도 해요. 그럴 때는 아이에게 "어른도 하고 싶은 대로 다 할 수 있는 게 아니야. 자유에는 책임이 따르거든."이라고 꼭 알려 주세요.

부모님이나 선생님, 어른과의 관계에 대한 Q&A

Q 부모님이 공부나 성적 이야기만 해서 짜증 나요!

A 우선 자신의 목표를 설정하면 공부의 의미를 알게 될 거예요.

우리는 왜 공부를 해야 하는 걸까요? 그 이유 중 하나는 지금 공부를 해 두어야, 미래에 다양한 선택을 할 수 있기 때문이에요. 어른들은 나중에 여러분이 '그때 열심히 공부했더라면…' 하고 후회하지 않기를 바라는 마음에서, 잔소리를 하게 되는 건지도 몰라요. 우선 여러분이 자신의 목표를 세우는 것이 중요합니다. 목표를 이루기 위해 공부가 필요하다면, 노력하면 되겠죠. 스스로 하는 공부이기에 더 열심히 하게 될 거예요.

Q 선생님이나 부모님은 왜 혼을 낼까요?

A 여러분이 혼나는 이유를 생각해 보면, 납득이 가는 경우도 있어요.

어른들은 왜 여러분을 혼내는 걸까요? 그 이유가 납득할 만한 것이라면, 잘못된 행동을 고치면 됩니다. 그러나 그저 어른이 감정적으로 화를 낸다면, 어른이 반성해야 해요. 화를 내면 자신의 입장에서만 생각하게 되죠. 어른이 큰 소리를 내는 것이 싫다면 "제가 혼나는 이유는 알겠지만, 좀 차분하게 말씀해 주세요." 하고 자신의 생각을 전달해 보세요. 만약 혼나는 이유도 납득이 가지 않는다면 "왜 저를 혼내는지 알려 주세요."라고 말하면 됩니다.

부모님이나 선생님, 어른과의 관계에 대한 Q&A

Q 부모님이 나를 다른 형제들과 비교하는 게 싫어요.

A 부모님도 모를 수 있으니 뭐가 싫은지 구체적으로 말해 보세요.

부모님은 여러분을 다른 형제들과 비교하고 있다고 생각하지 못할 거예요. 그러므로 감정을 억누르지 말고 '비교당하는 건 싫어요!'라고 부모님에게 솔직하게 말해 보세요. 부모님이 그런 적 없다며 부정하면 '이런 일이 있었어요.' 하고 구체적으로 말해야, 부모님도 이해할 수 있을 거예요. 여러분의 생각을 전할 때는 감정에 치우치지 않도록 합시다.

Q 선생님이 한 아이만 편애하는 것 같아요.

A 그 친구가 부럽다면, 편애를 받는 아이를 잘 관찰해 보세요.

선생님은 무의식적으로 한 아이만 편애하고 있을 수도 있지만, 사실은 편애하지 않는 것일 수도 있어요. 여러분에게는 여러분만의 장점이 있으므로, 자신감을 잃을 필요는 없어요. 편애를 받는 아이가 부럽다면, 그 아이를 잘 관찰해 보세요. 그 아이의 어떤 점을 선생님이 좋아하는지 생각해 보면, 좋은 방법이 떠오를지도 몰라요. 다른 사람의 좋은 점을 본받다 보면, 새로운 자신을 발견할 수도 있어요.

부모님이나 선생님, 어른과의 관계에 대한 Q&A

Q 어른의 도움을 받고 싶은데, 스스로 하라는 말을 들었어요.

A 어려운 일은 얼마든지 도움을 받아도 돼요.

도움을 받는 일이 좋지 않다고 생각하는 어른들도 있을 거예요. 그러나 도움을 받는 것은 결코 나쁜 일이 아니랍니다. 힘든 일로 끙끙대기보다는, 어른의 도움을 받는 편이 나아요. 또 여러분이 할 수 있는 일, 할 수 없는 일을 구분할 줄 아는 것도 중요해요. 자신이 무엇을 얼마나 할 수 있는지를 알면, '이것까지는 내가 해야지.', '이다음부터는 어른에게 부탁하자.' 하는 식으로 정리하게 되고, 자신의 능력을 정확하게 분석할 수 있게 됩니다.

토모야 선생님의
따뜻한 메시지

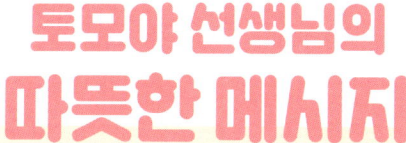

자신이 생각하는 '보통'과

다른 사람이 생각하는 '보통'은 달라요.

지나친 기대로 스스로 억누르지 마세요.

그것이 자기 자신도, 다른 사람도

스트레스를 받지 않는

길이랍니다.

정신건강의학과란 어떤 곳일까?

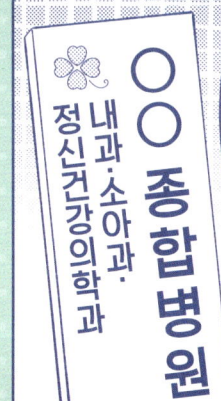

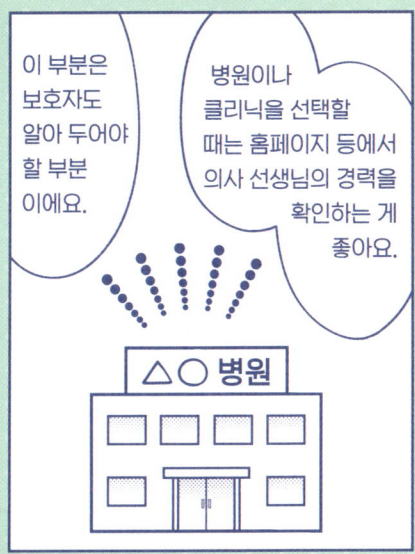

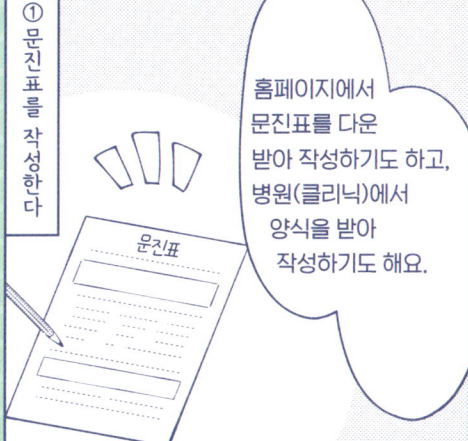

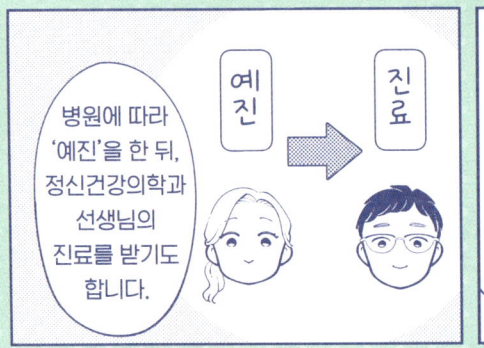

보호자에게 전하고 싶은 주의 사항이 있어요. 아이가 직접 이야기할 수 있도록 해 주세요.

의사의 질문에 보호자가 대답하는 경우가 많답니다.

진료를 받는 아이가 정신적으로 곤란한 부분이 없다고 생각하는 경우가 많아요.

부모나 학교 선생님의 권유로 진료를 받으러 왔다거나, 이유를 모르겠지만 학교를 갈 수 없다거나….

이유 없이 학교에 가기 어려운 상황이라면, 본인과 함께 그 이유를 찾는 것부터 시작합니다.

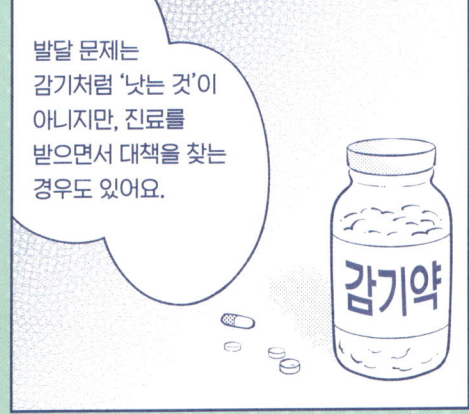

발달 문제는 감기처럼 '낫는 것'이 아니지만, 진료를 받으면서 대책을 찾는 경우도 있어요.

의사들은 무엇이든 '마음의 병'이라고 결론짓지 않아요.

먼저 몸이 아픈지부터 확인하지요.

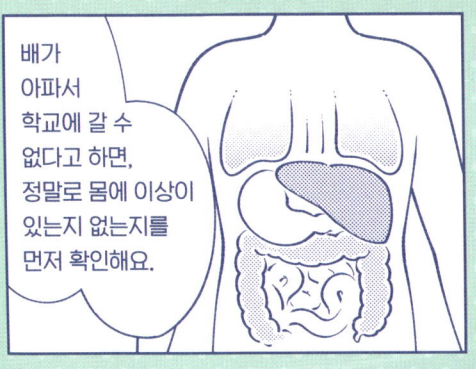
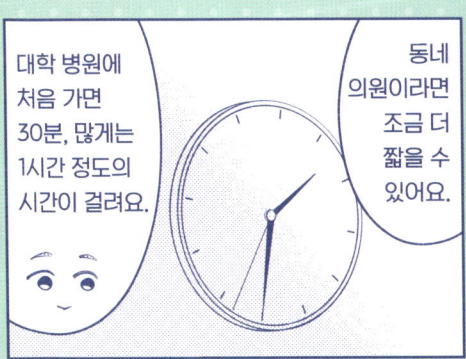

'나'를 알아보고 마음을 지키자!

사람이 기쁨, 화남, 슬픔, 즐거움 등 다양한 감정을 표현하는 건 당연한 일이에요. 그러나 감정을 표현하는 방법에 따라 다른 사람과 싸움이 일어나기도 하고 자신을 부정하는 나쁜 일로 이어지기도 하죠. 감정을 조절하는 방법을 알아 두면, 자신도 상대방도 더 소중하게 대할 수 있답니다.

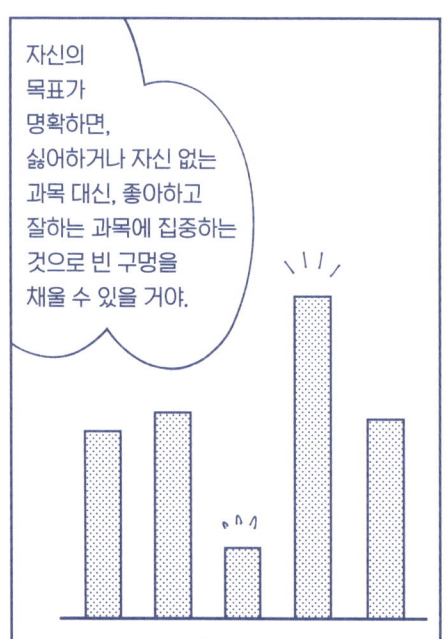

'나'는 어떤 사람일까?

자신이 어떤 사람인지 이번 기회에 곰곰이 생각해 봅시다

여러분은 자기 자신을 어디까지 알고 있나요? '나에 대한 건 내가 제일 잘 알지.' 하고 생각하는 사람이 대부분이지만, 의외로 자신에 대해 모르는 경우가 많아요. 자신이 생각하는 '자신'과, 부모님이나 친구 등 주변 사람들이 보는 '여러분'이 다르기도 합니다. 상상력을 발휘하여 자신에 대해 곰곰이 생각해 볼까요?

친한 친구도, 형제도, 부모님도, '나'와는 달라요

친한 친구, 형제나 부모님 등 가까운 사람도 여러분과는 생각하는 방식도 좋아하는 것도 모두 제각각인, 다른 사람입니다. 그렇기 때문에 상대방의 감정이 어떨지 생각하며 행동해야 해요.

좋은 점도 나쁜 점도 모두 '나 자신'이에요!

웃고 있는 나, 화내고 있는 나, 열심히 노력하는 나, 장난치는 나, 기분이 좋았다가 금세 풀이 죽는 나. 사람은 다양한 감정을 느끼고, 감정에 따라 표정이 달라져요. 그런 다양한 모습 모두가 바로 '나 자신'입니다. 나쁜 점이 있을 수도 있어요. 그렇다고 해도 전혀 이상하지 않답니다.

나 '사용 설명서'를 만들자!

글로 표현하면 몰랐던 나 자신을 발견할 수도 있어요

글로 표현하면 자신을 이해하는 데에 도움이 됩니다. 자신에 대한 글을 적는 것은 어려운 일이지요. 우선 자신을 찬찬히 바라보는 것이 중요해요. 예를 들어 자신이 어떤 때에 마음이 상하는지를 생각해 보는 거예요. 그 패턴을 알면 같은 상황에 처했을 때 미리 마음의 준비를 할 수 있지요. 그렇게 하나씩 나에 대한 '사용 설명서'를 만들어 보세요. 직접 글로 표현하면, 자신의 감정이나 생각을 쉽게 전달할 수 있답니다.

자신을 찬찬히 바라보는 것이 중요해요

알기 쉬운 말로 자신을 표현하는 것은 어른에게도 어려운 일이에요. 자신의 마음을 찬찬히 바라보세요. 다른 사람이 알려 주는 내용이 아닌, 스스로 생각해 낸 내용이 중요해요.

우선 자신이 무엇을 좋아하며 무엇을 싫어하는지를 생각해 보세요

책 읽기는 싫어.

게임이 좋아!

다른 사람 앞에서 말하는 건 어려워.

친구들과 시끌벅적 떠드는 게 좋아.

위의 경우 말고도 다양한 것들을 생각해 보세요.

내가 모르는 내가 있다고?

다양한 각도에서 보면, 몰랐던 내 모습을 찾을 수 있어요

나 자신에 대해 좀 더 깊이 알고 싶다고 생각한 적 있나요? 진짜 내 모습에는 어두운 부분이 있지만, 주위 사람들은 나를 '밝은 캐릭터'라고 생각하죠. 그럴 때 나를 잘 아는 사람이 아무도 없다고 괴로워하게 되고요. 자신을 자세히 파악하기 위해서는 여러 각도에서 자신을 바라보아야 해요. 자신이 생각하는 자신의 모습뿐만 아니라, 주위에서 본 자신의 이미지는 어떠한지 아는 것도, 자신을 이해하는 데 중요한 힌트가 된답니다.

의외로 자신에 대해 잘 모르는 사람이 많아요

자신의 단점이 친구에게는 장점으로 보이기도 해요. 주위 사람들이 자신을 어떻게 보는지, 의외로 알아차리지 못하기도 하지요.

다른 사람이 보는 '나'와 내가 생각하는 '나'는 달라요

나는 어떤 성격일까?

1. 항상 활기차다
2. 책임감이 강하다
3. 배려심이 강하다
4. 믿을 수 있다
5. 고집이 세다
6. 성실하다
7. 어른스럽다
8. 이야기를 잘한다
9. 잘 들어 준다
10. 화려하다
11. 재미있다
12. 자신만만하다
13. 행동력이 있다
14. 지기 싫어한다
15. 자존심이 세다
16. 참을성이 강하다
17. 집중력이 높다
18. 의지가 된다
19. 차분하다
20. 긍정적이다
21. 밝다
22. 소극적이다
23. 분위기 파악을 잘한다
24. 인기가 있다
25. 진중하다
26. 용기가 있다
27. 정리를 잘한다
28. 섬세하다
29. 제멋대로다
30. 근성이 있다

나의 생각 습관을 알아보자 ①

부정적인 습관이 있다면, 의식해서 바꿔 보세요

대부분의 사람이 자신만의 '생각하는 방식'을 갖고 있어요. 예를 들어 굉장한 일을 하고 있음에도 '그렇게 대단하지 않아.' 하고 생각하거나, 반대로 대단하지 않은 일임에도 '더는 되돌릴 수 없어!', '나는 이제 안 돼.' 하고 생각하는 거죠. 실제로 어떤 일에 대해 부정적으로 생각하는 사람이 많다고 해요. 이런 사실을 염두에 두고 여러분의 생각을 긍정적으로 바꾸고, 기분 또한 좋게 바꿔 보세요.

'지나치게 부풀려 생각하는 타입'의 예	'부정적으로 생각하는 타입'의 예
작은 실수를 저질렀다	큰 성공을 거두었다
예: 축구 시합에서 실수를 저질렀다.	예: 투표를 통해 회장이 되었다.
↓	↓
모두에게 미움받을 거야. 이제 축구는 그만두는 편이 낫겠어.	어차피 나는 잘할 리가 없어.

'나'를 알아보고 마음을 지키자!

다른 사람이 보는 '나'와 내가 생각하는 '나'는 달라요

나의 생각 습관을 알아보자 ②

자신의 시야(보이는 범위)를 넓혀 보아요

강한 확신이나 결심은 때때로 좋지 않은 결과로 이어질 수 있어요. '무조건 이렇게 해야만 해!' 하고 좁게 생각하거나, 지나치게 완벽을 추구한 나머지 '모 아니면 도'라고 생각하며 스스로가 자신을 몰아붙이고 괴롭히는 경우가 있어요. 또 '낙인'처럼 선입견을 갖는 것도 마찬가지입니다. 더 넓은 시야로 바라보면 마음이 편해지고, 자신을 잃지 않고 자기답게 살아갈 수 있답니다.

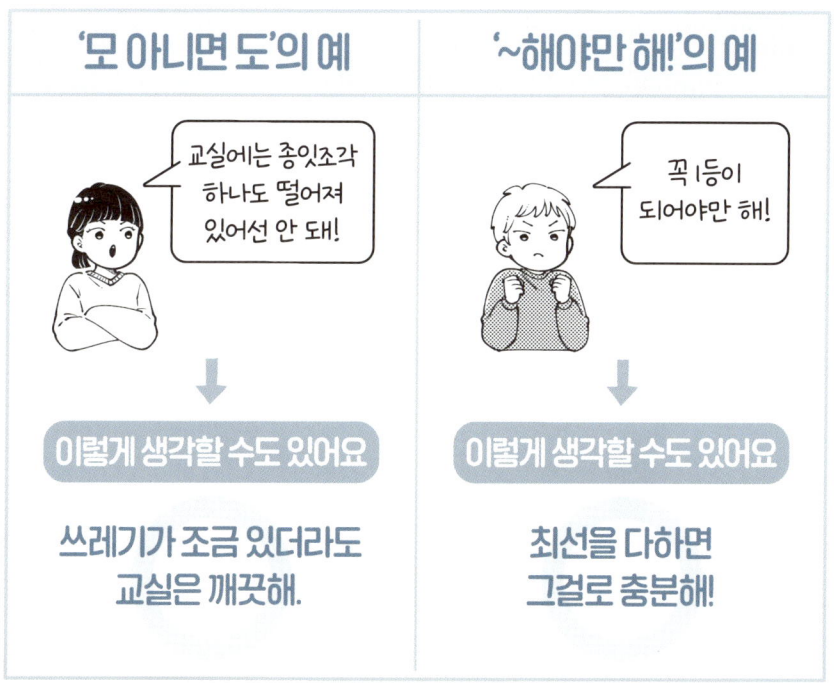

친구 관계에서도 보이는 모습으로만 단정 짓지 않도록 해요

저 녀석 매일 까불기만 하니, 괴롭혀도 괜찮겠지!

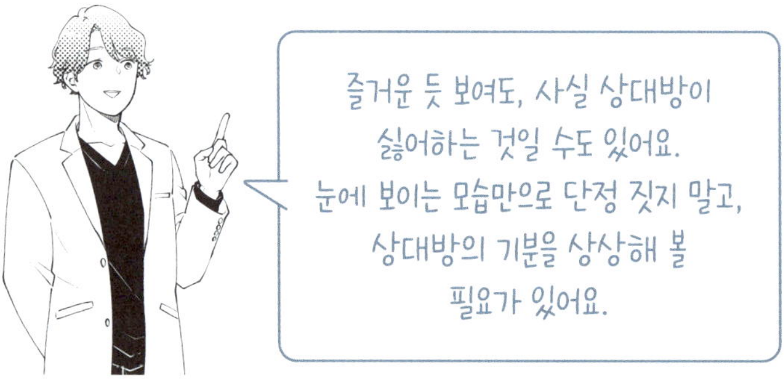

⬇

즐거운 듯 보여도, 사실 상대방이 싫어하는 것일 수도 있어요. 눈에 보이는 모습만으로 단정 짓지 말고, 상대방의 기분을 상상해 볼 필요가 있어요.

나의 좋은 점은 무엇일까?

좋아하는 아이를 보는 것처럼, 자신을 바라보세요

자신을 잘 아는 것이 중요하다는 사실은 계속 반복해서 전하고 있어요. 그렇지만 사실 자신을 잘 알지 못하는 사람도 있을 거예요. 자신을 알기 위한 요령을 하나 전하자면, 좋아하는 아이를 바라보듯, 자신을 보는 거예요. 사람은 좋아하는 사람에 대해서는 '좋은 점'을 찾기 마련이에요. 마찬가지로 자신의 좋은 점을 찾아봅시다. 그리고 작은 것이라도 좋으니 '성공한 일 찾기'에도 도전해 보세요.

스스로 자신의 좋은 점을 찾아보세요!

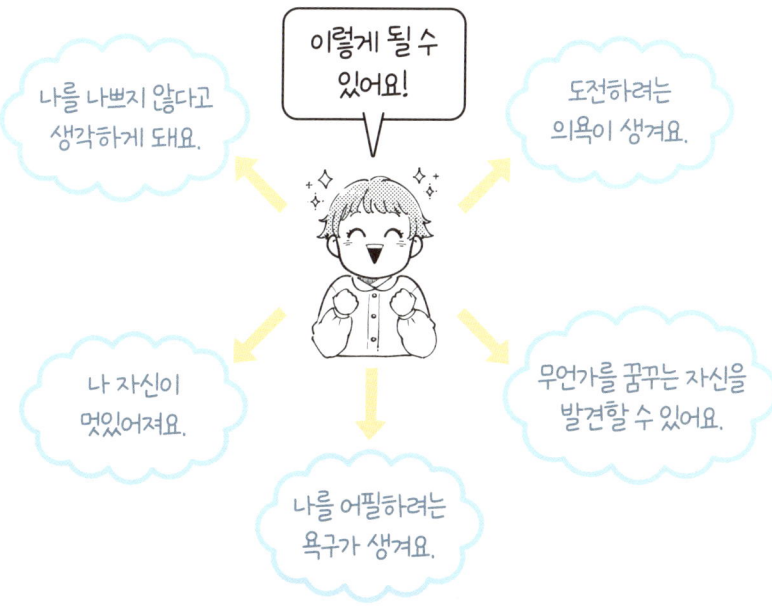

작은 일이라도 좋아요.
여러분이 이룬 일들을 찾아보세요.

- ✓ 아침 7시에 일어났다
- ✓ 급식을 다 먹었다
- ✓ 친구와 게임을 하며 엄청 웃었다
- ✓ 숙제를 잊지 않고 했다
- ✓ 이번 달에는 학원을 빠지지 않았다
- ✓ 개를 산책시켰다
- ✓ 욕실 청소를 도왔다
- ✓ 글자를 예쁘게 썼다

감정은 어떻게 조절할까?

감정을 조절하지 못하면 다툼으로 이어질 수 있어요

자신의 감정을 조절하는 것은 어려운 일이에요. 다양한 감정이 있지만, 특히 조절하기 어려운 것이 바로 분노입니다. 감정은 자연스럽게 생겨나기 때문에, 분노를 느끼는 것 또한 자연스러운 일입니다. 중요한 것은 분노를 표출하는 방법이에요. 분노는 표출하는 방법에 따라서 싸움 등의 문제로 이어지는 경우가 있으므로, 잘 조절할 수 있는 방법을 찾아야 해요.

뭘 해도 화가 나!

분노는 누구나 느낄 수 있어요. 특히 사춘기가 되면 이유 없이 짜증이나 화가 솟구칩니다. 화를 내는 자신을 부정하지 않고, 잘 조절할 수 있는 방법을 몇 가지 소개합니다.

'분노' 그 자체는 나쁘지 않아!
중요한 것은 '화'를 내는 방법

① 혼나는 경우가 많은 어린이들은 '분노'를 나쁘다고 생각합니다

② 어떻게 화를 낼지가 중요해요

다음 페이지에서 분노와 같은 감정을 조절하기 위한 활동을 해 보세요.

자신의 감정을 조절하는 항아리 활동지

현재의 감정이 자신을 얼마나 지배하고 있는지를 알아보기 위한 활동지예요! 항아리 그림을 그려서 글이나 색으로 표현해 봅시다

Step 1 자신의 감정을 글이나 색으로 표현해요

자유롭게 써 봅시다!

예시
- 누구를 향한 분노인가요?
- 그 분노는 항아리를 얼마큼 채우고 있나요?
- 얼마큼이면 여러분의 분노 항아리가 넘칠까요?

Step 2 분노가 넘칠 때, 발산할 방법을 정해요

예시
- 강아지와 산책을 해요.
- 큰 소리로 노래를 불러요.
- 잠을 자요.

Step 3 분노를 발산한 뒤의 감정 항아리를 다시 그려 보세요

예시
- 분노가 얼마나 가라앉았나요?
- 긍정적인 감정이 생겼나요?

그리는 방법 예시

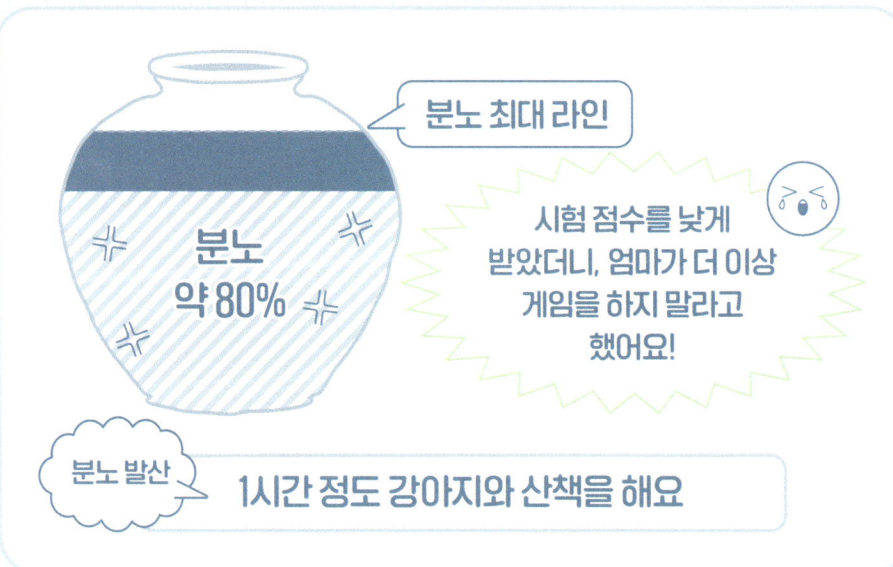

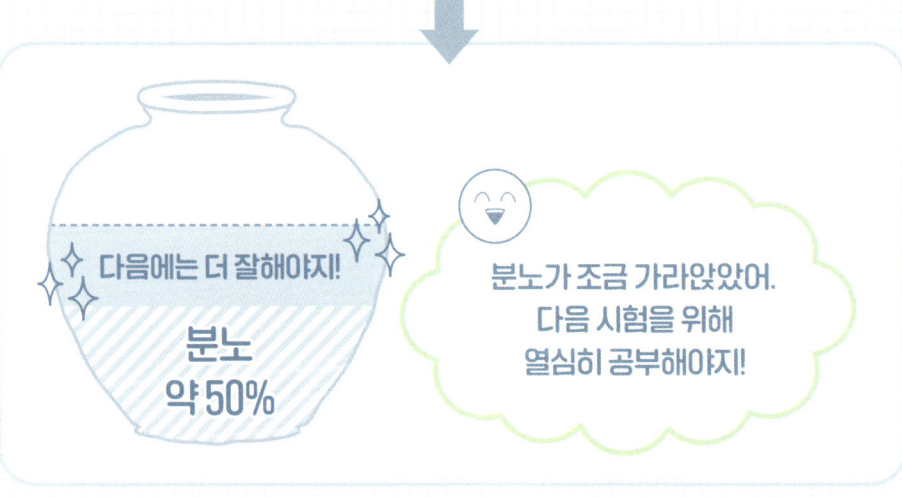

짜증 나거나 화가 솟구칠 때 해 보세요!
앵거 매니지먼트 (Anger Management)

앵거 매니지먼트, 즉 화를 다스리는 방법을 소개합니다!
화가 나기 시작할 때, 하기 쉬운 것부터 하나씩 해 보세요

심호흡을 해요

언제 어디서나 할 수 있는 방법이에요. 분노는 최고조일 때도 6초면 끝난다고 해요. 우선 분노를 표출하기 전에, 코로 크게 숨을 들이마시고, 입으로 내뱉어 보세요. 나빴던 기분을 내뱉는 듯한 느낌이 들 거예요.

수를 세어요

다른 일을 의식하는 것으로 분노를 가라앉힐 수 있어요. '1, 2, 3, 4, 5….' 하고 수를 세거나 구구단과 같이 간단한 공식을 속으로 읊어 보세요.

자리를 옮겨요

화가 났을 때 있던 장소에 그대로 있으면, 쉽게 화가 가라앉지 않아요. 그 장소에서 벗어나면, 눈앞의 풍경이 바뀌면서 치솟았던 화도 어느 정도 가라앉아요.

잠시 멈춰요

자신의 감정을 의식적으로 멈추는 방법이에요. 커다란 바위가 되어 자신의 움직임을 순간적으로 멈추어 보세요. 아무 말도 하지 말고 아무 것도 하지 않으면, 홧김에 저지를 수 있는 행동들을 하지 않게 될 거예요.

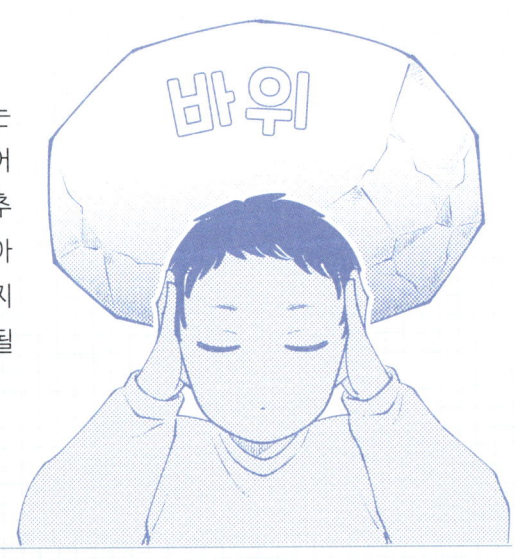

물을 마셔요

홧김에 나쁜 말이 나올 것 같다면, 물을 한 잔 마시는 것이 도움이 됩니다. 이때 가능한 천천히 물을 마시면서, 물이 입에서 목, 그리고 몸속을 통과하는 모습을 떠올려 보세요.

손을 두드린다

움직이기 어려운 상황에서 화가 났다면, 손을 가볍게 두드려 보세요. 손에 전해지는 감각에 집중하다 보면, 화가 서서히 가라앉을 거예요. 동시에 심호흡도 하면 더 좋아요.

말로 화를 가라앉혀요
단어 바꾸기 활동

예
짜증이 난다 → 뿔 이 난다!
열받아! → 아, 뿡뿡 해!!

진짜 화가 나! → 진짜 바보 야!

'화'라는 단어를 다른 단어로 바꾸면, 자연스레 화가 사라지기도 해요. 부드럽거나 재미있는 말로 바꿔서 화를 가라앉혀 보세요.

토모야 선생님의 따뜻한 메시지

나를 알고 다른 사람을 이해하는 것의

중요성을 알게 되었나요? 나 자신을

정확히 이해해야 다른 사람들의 마음도

잘 살필 수 있답니다. 이 책에 나와 있는

활동을 통해 자신의 감정을 잘 조절해서

자신과 상대방을 소중히 대할 수

있도록 해 보아요.

내 마음을 잘 알아주는 어른으로 성장하는 여러분을 응원합니다.

하루 일과표를 생각해 볼까요? 자는 시간, 밥 먹는 시간, 공부하는 시간 등등 정말 많은 일정이 있어요. 그렇다면 내 마음의 소리를 듣는 시간은 24시간 중 얼마나 차지하고 있나요? 우리는 다른 사람이 내 마음을 알아주기를 바라지만, 내가 내 마음을 알아주는 시간은 부족하다는 생각이 들어요. 화가 날 때, '화가 나'에서 끝나는 게 아니라 '내가 왜 화가 날까?', '어떤 부분이 이렇게 내 마음을 힘들게 하지?' 고민할 수 있어요. 그럼 '어떻게 이 화를 풀 수 있을까?' 생각하고 실천할 수 있거든요. 마음을 알아주는 것 자체만으로도 나를 성장시키는 중요한 시간이에요. 매일매일 바쁜 하루를 보내지만, 하루에 잠시라도 시간을 내서 마음을 돌보는 습관을 들이면 어떨까요? 우리 마음이 무럭무럭 성장하는 모습을 볼 수 있을 거예요.

우리는 살면서 화가 날 때도 있고, 속상한 일도 생겨요. 그럴 때마다 내 마음의 소리를 들어 주고 혼자서 감당하기 힘든 일은 꼭 주변 사람에게 도움을 요청해 주세요. 도움을 요청하는 게 쉽지 않은 일이죠. 다른 사람에게 걱정을 끼치는 게 아닐까, 고민이 되고요. 하지만 주변 사람들은 여러분의 마음이 건강해지기 위해서 도움을 줄 준비를 하고 있답니다. 부모님, 선생님, 친구, 학교 상담실 그리고 여러 상담 기관에서 여러분의 마음을 들을 준비가 되어 있어요. 혼자 힘들어하기보단 고민을 꼭 나눠 주세요.

이 책을 읽는 여러분이 나를 더 소중히 여기고 사랑하게 되길 바랍니다. 여러분은 충분히 사랑받을 수 있는 사람이니까요. 마음이 건강한 어른으로 성장하는 여러분의 모습을 기대할게요.

심리상담사 **김민주**

MANGA DE WAKARU! SHOGAKUSEI NO TAMENO MOYAMOYA·IRAIRA TONO TSUKIAIKATA
supervised by Tomoya Fujino, illustrated by Popoko
Copyright © 2023 Tomoya Fujino, Popoko
All rights reserved.
Original Japanese edition published by SHUFU TO SEIKATSU SHA CO.,LTD.
Korean translation copyright © 2023 by BLUEMOOSE BOOKS
This Korean edition published by arrangement with SHUFU TO SEIKATSU SHA CO.,LTD.,
Tokyo, in care of Tuttle-Mori Agency, Inc., Tokyo, through Amo Agency, Korea.

이 책의 한국어판 저작권은 AMO에이전시를 통해 저작권자와 독점 계약한 블루무스에 있습니다.
저작권법에 의해 한국 내에서 보호를 받는 저작물이므로 무단 전재와 무단 복제를 금합니다.

나와 상대방의 마음을 소중히 지키는 방법
내 감정이 궁금해

초판 1쇄 발행일 2024년 2월 15일

감수 후지노 토모야
한국어판 감수 김민주
그림 포포코
옮긴이 문영은

펴낸이 金昇芝
편집 노현주
디자인 양×호랭 DESIGN

펴낸곳 블루무스어린이
출판등록 제2022-000085호
전화 070-4062-1908
팩스 02-6280-1908
주소 경기도 파주시 경의로 1114 에펠타워 406호

이메일 bluemoose_editor@naver.com
인스타그램 @bluemoose_books

ISBN 979-11-93407-09-7 (73180)

아이들의 푸른 꿈을 응원하는 블루무스어린이는 블루무스의 어린이 단행본 브랜드입니다.

＊저작권법에 의해 보호를 받는 저작물이므로 무단전재와 복제를 금합니다.
＊이 책의 일부 또는 전부를 이용하려면 저작권자와 블루무스의 동의를 얻어야 합니다.
＊책값은 뒤표지에 있습니다. 잘못된 책은 구입하신 곳에서 바꾸어 드립니다.